Learning How to Sing in Spanish

Children's Learn Spanish Books

BABY PROFESSOR

EDUCATION KIDS

Speedy Publishing LLC
40 E. Main St. #1156
Newark, DE 19711
www.speedypublishing.com

Itzi, bitzi arana

(Itzy Bitzy Spider)

Itzi, bitzi arana

The itsy bitsy spider

Itzi, bitzi arana

Tejio su telarana

Climbed up the waterspout

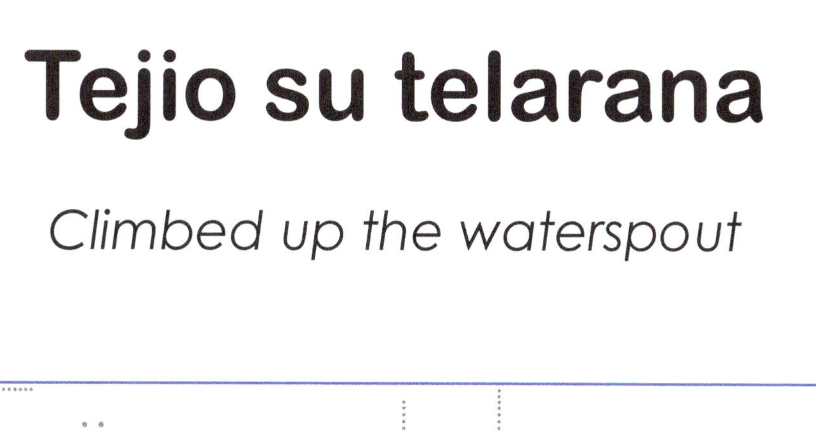

Vino la lluvia

Down came the rain

Y se la llevo.

And washed the spider out

Y se la llevo.

Salio el sol

Out came the sun

Se seca la lluvia.

And dried up all the rain

Y itzi,bitzi arana,
Otra vez subió

And the itsy bitsy spider, Climbed the spout again

Y itzi,bitzi arana,

Otra vez subió

Cabeza y hombros, pierna y pies

(Heads, Shoulders, Knees and Toes)

Cabeza y hombros, pierna y pies

Head and shoulders knees and toes

Cabeza y hombros

pierna y pies

Pierna y pies, pierna y pies

Knees and toes, knees and toes

Piernay pies, piernay pies

Cabeza y hombros, pierna y pies

Head shoulders knees and toes

Cabeza y hombros,

pierna y pies

Pierna y pies, pierna y pies

Knees and toes, knees and toes

Pierna y pies, pierna y pies

Cara, ojos, boca, nariz

Eyes and ears and mouth and nose

Cara, ojos, boca, nariz

Cabeza y hombros, pierna y pies

Head and shoulders knees and toes

Cabeza y hombros,

pierna y pies

Pierna y pies

Knees and toes

Pierna y pies

Brilla Brilla pequeña estrella

(Twinkle Twinkle Little Star)

Brilla Brilla pequeña estrella

Twinkle, twinkle, little star,

Brilla Brilla

pequeña estrella

me pregunto como estas

How I wonder what you are.

me pregunto como estas

en lo alto sobre el mundo

Up above the world so high,

en lo alto sobre el mundo

como un diamante
en el cielo

Like a diamond in the sky.

como un diamante

en el cielo

Brilla, brilla pequeña estrella

Twinkle, twinkle, little star,

Brilla, brilla

pequeña estrella

me pregunto como eres !

How I wonder what you are!

me pregunto como eres !

cuando el resplandeciente sol se va

When the blazing sun is gone,

cuando el resplandeciente

sol se va

cuando no hay nada ahi que brille

When there's nothing he shines upon,

cuando no hay nada

ahi que brille

entonces tu muestras tu pequeñita luz

Then you show your little light,

entonces tu muestras

tu pequeñita luz

Brilla brilla atravez de la noche

Twinkle, twinkle, through the night.

Brilla brilla atravez

de la noche

Brilla brilla pequeña estrella

Twinkle, twinkle, little star,

Brilla, brilla

pequeña estrella

me pregunto quien tu eres!

How I wonder what you are!

me pregunto

quien tu eres!

en el obscuro cielo
azul tan profundo

In the dark blue sky so deep

en el obscuro cielo

azul tan profundo

atravez de mis cortinas
a menudo las veo

Through my curtains often peep

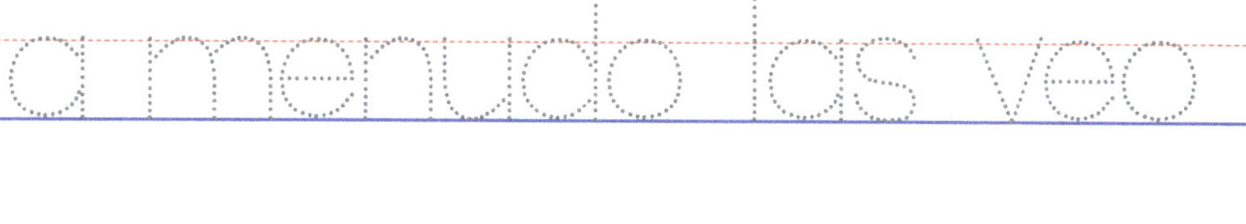

para nunca cerrar los ojos

For you never close your eyes

para nunca

cerrar los ojos

hasta la mañana cuando el sol se levanta

Til the morning sun does rise

hasta la mañana

cuando el sol se levanta

brilla, brilla pequeña estrella

Twinkle, twinkle, little star

brilla, brilla

pequeña estrella

me pregunto quien tu eres !

How I wonder what you are

me pregunto

quien tu eres !

brilla, brilla pequeña estrella

Twinkle, twinkle, little star

brilla, brilla

pequeña estrella

me pregunto quien tu eres !

How I wonder what you are

Visit
BABY PROFESSOR
EDUCATION KIDS
www.BabyProfessorBooks.com
to download Free Baby Professor eBooks
and view our catalog of new and exciting
Children's Books